D0815390

Je pars en appart….

Sarah J.-Houle

nouvelle optique

Nous remercions la SODEC pour l'aide apportée à notre programme de publications.

Société
de développement
des entreprises
culturelles
Québec

ISBN13   978-2-89396-337-2

Dépôt légal — 2e trimestre 2010
Bibliothèque et Archives nationales du Québec
Bibliothèque nationale du Canada

Illustration de la couverture : Jupiter inc

228 de la Lande, Rosemère
Québec, Canada J7A 4J1
Téléphone : 450-965-6624
Télécopieur : 450-965-8839
info@nouvelleoptique.com
www.nouvelleoptique.com

Ah ! Partir en appartement! Tu y as sûrement longuement rêvé, tu t'es probablement même visualisé dans ton nouveau logis, en train de cuisiner des nachos pour la gang que tu serviras avec quelques bières, tout cela au son de la musique que tu pourras enfin mettre au volume que tu veux. Les invités ne seront pas limités, la soirée se terminera lorsque, TOI, tu l'auras décidé. Tu rêves sans doute aussi d'un souper aux chandelles avec chéri(e) sans que maman ne s'efforce – sans succès – de rester discrète au salon.

Un appart, c'est l'indépendance avec un grand I, c'est le monde qui s'ouvre, c'est la capacité de prendre tes propres décisions, de vivre dans un foutoir ou dans un lieu démesurément propre, selon ton humeur. C'est aussi sortir où tu veux, rentrer à l'heure que tu veux, et même, ramener qui tu veux avec toi.

C'est la possibilité de créer un décor qui te ressemble, dans un appartement que tu as choisi, dans un quartier que tu aimes.

Oui…. Mais !

C'est également faire face à de nombreuses responsabilités, autant sur le plan budgétaire que sur le plan organisationnel et même émotionnel. Se retrouver comme seul conducteur du train de notre vie est une étape nécessaire, saine et formatrice. Pourtant, il y a quand même quelque chose d'angoissant dans l'expérience que tu t'apprêtes à vivre. « Il n'y en aura pas de faciles » comme disait Ron. Aussi bien que tu le saches, tu risques aussi de te planter. Moi, ça m'est arrivé.

Pourtant, je me croyais bien préparée, je partais avec une copine qui elle, avait vécu en appartement. Elle avait fait mon budget. Son budget… disons simplement qu'il était basé sur la circulaire de Métro, en tenant compte du solde des saucisses à 2$ la livre et qui, achetées en gros, seraient la base de notre épicerie mensuelle. Moi qui étais habituée de me cuisiner un sauté aux crevettes en rentrant à minuit chez mes parents... J'ai eu la vague impression d'avoir changé de classe sociale. Outre le fait que manger des saucisses durant un mois soit plutôt lassant, il n'est pas nécessairement agréable de stocker 15 bouteilles de shampoing dans une petite armoire pour sauver 15 sous par bouteille... Eh oui... j'avais choisi de vivre en colocation. Vivre pauvrement est une chose. Cohabiter en est une autre — croyez-moi !

Mon étoile du budget s'est avérée une hystérique contrôlante qui vérifiait le solde de mon compte en banque et s'assurait que j'assistais à mes cours au cégep sous prétexte qu'elle était un peu plus vieille que moi. Pire que ma mère ! Puis, un soir comme les autres, où ma charmante coloc me préparait sa ragoûtante soupe à la salade (je vous le jure, elle cuisinait vraiment des trucs du genre), on a décidé de faire ça à trois, finalement.

C'est à ce moment que mon ami bohème-artiste-irresponsable est arrivé. Sans jamais avoir signé le bail, il s'est installé... pour quelques jours, disait-il. Au bout de six mois de l'hystérie de Mademoiselle et du spleen de Monsieur, sans compter les dettes que j'accumulais et le sentiment que mon appartement était devenu une commune où passait la semaine qui le voulait (sur notre bras), j'ai dû me rendre à l'évidence : j'avais échoué. Il fallait que je demande asile à mes parents, que je marche sur mon orgueil et que je me soumette de nouveau à leurs règlements – entre autres, rembourser mes dettes.

Vous n'avez pas à vivre pareille expérience. Vous trouverez dans ce petit guide tout ce que j'aurais dû savoir AVANT de quitter le nid familial – d'ailleurs, ma deuxième tentative de voler de mes propres ailes n'était pas vouée à l'échec, même si j'ai encore beaucoup appris.

JE ME CROYAIS PRÊTE.
TOI... L'ES-TU ?

Pour t'aider, pose-toi les questions suivantes :

- Quittes-tu la maison pour les bonnes raisons ? Est-ce pour faire plaisir à quelqu'un d'autre, parce que ton chum te le demande, pour poursuivre tes études, parce que tu as un nouveau boulot, ou simplement parce que tu en as envie ?

- As-tu des revenus fixes ? Un travail à temps plein, à temps partiel ? Dois-tu compter sur tes parents (ou pire, sur le revenu de ton chum) ?

- As-tu des économies ?

- As-tu calculé toutes les dépenses qu'implique un appartement ?

- Es-tu habitué de payer des comptes ?

- Connais-tu les lois concernant les baux ?

- Es-tu familier avec le concept de l'assurance habitation?

- Peux-tu te débrouiller seul dans la cuisine et avec le ménage ?

- As-tu fais la liste des choses dont tu auras besoin ?

- As-tu l'assurance nécessaire pour interagir de façon adulte avec ton propriétaire et tes voisins ?

- As-tu pensé à tes déplacements ? (faire l'épicerie sans voiture peut s'avérer périlleux !)

Tu n'as probablement pas répondu par l'affirmative à l'ensemble de ces questions. Pas de panique, je suis là pour t'aider !

Seul ou pas ?

Même si mon expérience de colocation n'a pas été ce qu'on pourrait appeler un « franc succès », il y en a quand même pour qui ça fonctionne. À toi de voir ce qui te convient le mieux. Pour t'aider à y réfléchir, je te propose d'anticiper les avantages et inconvénients que la cohabitation implique. Surtout, n'oublie pas d'avoir une bonne discussion avec ton ou tes futurs colocs -ou chéri(e)- AVANT de partir. Comme dirait ma mère… « Mieux vaut être seul que mal accompagné ! »

Les points dont il vaut mieux discuter :

Comment les tâches ménagères seront-elles attribuées ?

Écoute… ça fonctionne rarement si on se fie à la bonne foi de tous et chacun. En moins de deux, tu réaliseras que la vaisselle s'accumule, le plancher s'encrasse et les poubelles attendent sur le balcon qu'un autre camion veuille bien passer pour les ramasser, elles et leurs odeurs. Détermine à l'avance qui sera responsable de telle ou telle tâche.

L'ÉPICERIE : EN GROUPE OU EN SOLO ?

Faire l'épicerie en commun est avantageux sur le plan économique, mais peut également créer des discordes. D'abord, tout le monde n'aime pas les mêmes choses. Ensuite, il est possible qu'une iniquité se crée entre toi et ton coloc. Si l'épicerie est faite en commun et que ton coloc y pige pour inviter sa gang de chums à regarder le hockey ... tu ressentiras une « légère » frustration ! De plus, il est difficile de planifier tes repas à l'avance si tu n'es pas l'unique gestionnaire de ton réfrigérateur. Combien de fois me suis-je levée en pensant apporter le reste du repas de la veille dans mon lunch sans savoir que quelqu'un de plus rapide l'avait dévoré lors d'une fringale nocturne ?

Il est 22 heures. Tu dois te lever à 7 heures le lendemain pour un examen important. Tu décides d'aller sagement te coucher. 22h15, tu t'endors. 22h17, tu te réveilles en sursaut. Karine arrive avec un gars rencontré au bar du coin. Ils ont décidé d'écouter *La Guerre des Étoiles*, effets sonores inclus. Tu n'as rien contre ce chef-d'œuvre cinématographique, mais le bruit des lasers, des vaisseaux et de la voix de Darth Vader perturbent légèrement ton sommeil. Comment vas-tu réagir ? Te mettre des bouchons en espérant que tes voisins en feront autant ? Sortir dans le salon et créer un incident diplomatique ? En feras-tu une vraie « guerre des étoiles » ? Karine, qui travaille de nuit, va-t-elle te répondre que toi, avec tes talons hauts le matin, tu l'empêches aussi de dormir ?

Et que dire de JF qui gratte sa guitare le jour ou la nuit – il ne travaille pas de toute façon ! J'exagère … à peine. En fait, il s'agit de bien choisir ses colocs et de mettre au clair le code de vie auquel tous devront adhérer AVANT de choisir la cohabitation.

L'UTILISATION DE LA SALLE DE BAIN

J'aime les bains moussants qui durent deux heures. Je mets de la musique classique et des chandelles, puis je me laisse paisiblement ratatiner, les yeux fermés. En colocation, ce moment de plénitude a souvent été interrompu par Karine, JF, Sam (qui squattait notre appartement) ou un de leurs nombreux invités qui avait besoin de se soulager de façon urgente. Évidemment, l'accès à la salle de bain étant leur droit le plus élémentaire, je ne pouvais faire autrement que de sortir de la pièce, enroulée dans une serviette, sous les yeux de tous, les cheveux pleins de mousse. Peut-être cela fait-il déjà partie de ton quotidien chez tes parents. Partager une salle de bain, c'est emmerdant. On peut donc au moins prévoir un horaire pour les douches, coiffure et maquillage.

JF fait partie d'un band et ils ont établi leur siège social dans notre salon. Quant à Karine, à la recherche de l'âme sœur, elle ramène souvent une nouvelle flamme chez nous. Quoique certains m'aient paru franchement sympathiques, croiser un visage inconnu dans son corridor à deux heures du matin en tenue légère n'est pas forcément agréable. Et que dire de Sam, en peine d'amour, qui ne peut plus dormir seul et qui a élu domicile sur le divan bleu ? De mon côté, je dois admettre que mon copain de l'époque faisait presque partie des meubles. C'est bien de se sentir entouré, mais vivre dans une commune n'est pas fait pour tout le monde. Aussi, il est préférable d'établir des règles pour les invitations.

Il y a plusieurs autres sujets dont vous devrez discuter, mais ceux-ci sont les principaux, en dehors des technicalités du bail et des dépenses liées à l'appartement. Quand on décide d'être colocataire, par souci d'équité, l'idéal est que tout le monde signe le bail et participe également aux dépenses engendrées par la location et l'occupation du logement. Tu verras plus loin qu'il y a des obligations légales qui peuvent devenir une source de problème dans le cas ou la colocation ne fonctionne pas bien.

Mon expérience fait en sorte que j'ai des réticences face à la colocation, mais l'expérience a été plus enrichissante que négative. J'ai eu des bons moments, j'ai pris de la maturité, et cela m'a servi. Pour rien au monde je ne troquerais ces souvenirs. Encore aujourd'hui, lorsque je vais voir JF en show, je me remémore avec douceur les soirées où, assis par terre dans la cuisine, nous chantions ses compositions. Ces souvenirs me sont précieux. Je les ai mis dans ma besace et ils me suivront toute ma vie.

Aussi, pour certains de mes amis, la colocation s'est avérée un choix judicieux sur le plan financier et personnel. Il faut dire qu'ils étaient mieux préparés ! De même, partir avec chéri(e) est une décision à ne pas prendre à la légère. Si votre couple est solide et que vous savez dans quoi vous vous embarquez, vivre à deux est l'une des plus belles expériences qui soit. D'un autre côté, vivre seul est un passage obligé pour savoir qui on est et ce que l'on veut vraiment. Pour avoir vécu en colocation, en couple et seule, je me permets de dire que le troisième choix implique plus de responsabilités et demande une plus grande maturité. Ce n'est pourtant qu'en vivant seul qu'on goûte à l'ultime liberté. Cette liberté est grisante, je te conseille d'en faire l'expérience au moins une fois dans ta vie.

Une question
de gros sous

Un appartement engendre des dépenses fixes et imprévues. Pour y faire face, mieux vaut être bien préparé et avoir planifié son budget AVANT de partir. Pour ton premier budget, soit réaliste; je te propose d'utiliser la grille de la page 26.

Commence par établir tes revenus. Sont-ils fixes ou variables ? Si ton revenu est fixe, il sera plus simple pour toi de dresser un portrait réaliste des entrées d'argent. Par contre, si tu as un revenu variable (tu es payé à la commission, tu travailles à contrat ou encore le nombre d'heures travaillées varie de semaine en semaine), tu dois faire une moyenne et estimer tes revenus à la baisse. On évalue ses revenus à la baisse et ses dépenses à la hausse.

Lorsque tes revenus sont établis, passe aux dépenses. Je te conseille de faire un budget mensuel - c'est plus facile. Une fois le coût mensuel déterminé, divise-le par le nombre de paies que tu reçois dans un mois. Lorsque tu toucheras ta paye, force-toi de la diviser selon ton budget. Tu pourrais avoir deux comptes de banque : un pour tes dépenses personnelles et un deuxième pour le loyer et les factures. Il est possible de mettre en place des virements automatiques qui t'éviteront d'oublier de payer une facture. Pour ce faire, tu n'as qu'à demander à la compagnie avec laquelle tu négocies. La plupart offre la possibilité d'acquitter la facture automatiquement, à même ton compte en banque. Si tu choisis cette option, assure-toi quand même de regarder les factures que l'on t'envoie, les erreurs arrivent assez souvent. Assure-toi aussi qu'il y a suffisamment de fonds pour couvrir le montant prélevé. En cas de manque de fonds, ton institution bancaire te réclamera des frais assez élevés. La compagnie te facturera aussi des frais.

Dans ton budget, avant d'inscrire un coût à côté d'un item, vérifie si le montant est réaliste. Par exemple, n'essaie pas d'estimer le coût d'un abonnement internet sans consulter la compagnie. Tu n'as qu'à te rendre sur leur site web ou les contacter par téléphone pour connaître leurs prix. En ce qui concerne le chauffage et l'électricité, tu peux en connaître le coût avant de choisir ton logement. Le prix varie de façon importante selon la grandeur du logis, l'étage où il est situé, l'isolation, etc. Avant de signer ton bail, appelle Hydro-Québec. Avec l'adresse du logement, ils te donneront une idée des coûts associés au chauffage et à l'électricité. Il est également possible de te prévaloir d'un plan budgétaire qui répartit les paiements de façon égale sur l'année. C'est une bonne idée d'y adhérer. De cette façon, tu évites d'avoir des factures faramineuses l'hiver (le chauffage coûte plus cher que le reste des dépenses d'électricité). Vérifie, s'il y a des frais pour l'inscription à un service ou des frais d'installation, c'est pratiquement toujours le cas.

Le but de l'exercice du budget n'est PAS de faire en sorte que ça fonctionne avec tes revenus ; c'est d'avoir un portrait de la réalité. Si, d'habitude, tu dépenses 200$ par mois pour des vêtements, n'indique pas 25$. Certes, tu peux réduire ta consommation de produits, mais tu ne changeras pas du jour au lendemain, par magie et sans frustration, crois-moi ! Aussi, l'étape du budget est cruciale afin de déterminer le montant que tu peux allouer pour le loyer mensuel. Prendre un logement au-dessus de tes moyens ne rendra pas ton expérience agréable.

TRUC ET ASTUCE

Le coût du loyer devrait représenter environ 25% de tes revenus..

En faisant ton budget de cette façon, tu auras sûrement l'impression que tu joues « safe » et que dans la réalité, ce sera plus facile. Eh bien… non. Même en dressant un portrait hyper réaliste des entrées et sorties d'argent, tu constateras que les imprévus s'accumulent et font en sorte qu'il t'est impossible de respecter ton budget à la lettre.

Voilà pourquoi tu dois absolument « prévoir les imprévus » et économiser en plus. Ce que j'appelle un imprévu peut être aussi banal qu'un cadeau d'anniversaire à acheter ou aussi important qu'un réfrigérateur qui pousse son dernier « souffle ». Oblige-toi à être réaliste, même si le résultat obtenu te déçoit. C'est forcément mieux d'être déçu à cette étape-ci que de prendre des engagements que tu ne pourras pas respecter.

GRILLE DE BUDGET

REVENUS MENSUELS NETS

Salaire	
Prêts et bourses	
Autres	

DÉPENSES FIXES

Loyer	
Électricité	
Chauffage	
Téléphone	
Câble	
Internet	
Assurance habitation	
Cellulaire	
Paiements d'emprunt pour du mobilier	
Frais Bancaires	
Autres	
Total partiel :	
Transport en commun	
Paiement du prêt pour la voiture	
Assurance automobile, permis de conduire, immatriculation, stationnement, entretien de la voiture	
Autres	
Total partiel :	

DÉPENSES VARIABLES

Essence	
Taxis	
Épicerire	
Restaurants, cafés….	
Sorties	
Tabac	
Habillement	
Coiffeur, esthéti-cienne…	
Dentiste	
Lunettes, lentilles cornéennes	
Journaux, revues, livres, cd, dvd…	
Cours	
Matériel scolaire	
Produits de beauté	
Cadeaux	
Animaux (vétérinaire, nourriture…)	
Cartes de crédit	
Imprévus	
Autres	
Total partiel	
Total des dépenses	
Economies (revenus – dépenses)	

Maintenant, tu dois soustraire tes dépenses de tes revenus pour connaître le montant que tu pourras économiser chaque mois.

Que faire si tes dépenses excèdent tes revenus ? Analyse bien ta grille et vois si tu peux couper certaines dépenses. Peut-être vas-tu décider de te passer de cellulaire ou d'un branchement au câble ? À toi de voir, mais n'oublie pas de demeurer réaliste. Par exemple, si tu es toujours aux études, Internet peut devenir un incontournable à moins que tu ne sois près d'une bibliothèque ou d'un café internet offrant ce service.

Tu peux aussi choisir d'augmenter tes heures de travail, de cohabiter ou... d'attendre un peu en demeurant chez papa et maman pour économiser.

LE COMPTE EN BANQUE

Si tu vis en colocation ou avec chéri(e), tu songeras peut-être à la possibilité d'avoir un compte conjoint. Cela facilite les paiements de factures, mais pourrait être une source de problèmes. Avant de partir, on a la certitude que tout va bien se passer et que l'on peut faire confiance à celui, celle ou ceux avec qui on a décidé d'habiter. Après tout, ne les a-t-on pas choisis précisément parce qu'on les apprécie et qu'on leur fait confiance ? Ne tombe pas dans le piège. J'ai entendu plusieurs histoires d'horreur par rapport aux comptes conjoints. Retiens bien ceci : si la personne avec qui tu partages un compte en banque décide de le vider et de garder les sous pour elle, tu n'as **aucun** recours. Même dans le cas où la totalité des fonds venait de ta poche, si le nom de l'autre figure au compte, c'est aussi son argent et il n'a pas besoin de ta permission pour vider, ou même fermer le compte. Il est cependant possible d'ouvrir un compte en banque à « deux signatures ». Il faudra alors donc la signature des deux parties sur tout chèque ou retrait effectué. Il n'est pas possible de se prévaloir du service Interac avec ce type de compte en banque.

LE CRÉDIT

En novembre 2009, la Coalition des associations de consommateurs du Québec s'est penchée sur le sujet de l'utilisation du crédit chez les jeunes. Par le biais d'un sondage, la CACQ en est venue à des conclusions que je juge alarmantes. La moyenne de la limite de crédit chez les jeunes de 18 à 29 ans se situe à 4900$, le solde moyen dû sur ces cartes est de 1700$ chez les 18-24 ans et passe à 2200$ chez les 25-29 ans. Plus du tiers des répondants ne connaissaient pas le taux d'intérêt prélevé sur leurs cartes. Le sondage a également révélé que près du quart des jeunes font leur épicerie à crédit et près du tiers sont incapables de faire face à un imprévu de plus de 250$.

Le crédit est pratique dans certains cas. Bien utilisée, une carte de crédit te permet de bâtir ton « historique de crédit », ce qui te sera utile pour de plus gros achats. Par contre, le crédit est donné facilement aux jeunes et ceux qui ont des budgets serrés auront de la difficulté à résister à la tentation de vivre au-dessus de leurs moyens.

Il peut être attrayant d'acheter des meubles à crédit avec toutes les offres disponibles et la facilité d'accès aux plans de financement. ATTENTION ! Laisse-moi te raconter un fait vécu. J'ai décidé de bénéficier moi aussi d'un plan de financement pour acquérir un mobilier de salon. Sachant que les plans sans paiements, ni intérêts avant plusieurs mois comportent des pièges, j'ai fait preuve de vigilance. J'étais au fait qu'une fois la période de grâce terminée, les intérêts sur le solde s'appliquent rétroactivement à la date d'achat. J'ai donc pensé répartir le coût de mon achat sur 24 paiements. La vie étant ce qu'elle est, il m'est arrivé à quelques reprises de payer moins certains mois que ce que je m'étais promis de faire. À la fin de la période de grâce, il restait un tout petit solde et j'étais fière de moi. Par un beau mardi soir, je suis allée chercher mon courrier. J'ouvre, comme à l'habitude, le compte de cette compagnie. SURPISE ! Les intérêts de 24 mois apparaissaient… même pour le solde déjà payé ! Enragée, j'appelle le service à la clientèle de l'entreprise en question. L'agent me demande si j'ai lu mon contrat. Évidemment que non. Qui prend le temps de lire toutes ces clauses en petits caractères, celles qui sont pratiquement incompréhensibles ? Je me suis fiée aux explications du vendeur, voyons ! Il était pourtant CLAIREMENT indiqué (en petit caractères, au bas de la page 15B) que s'il subsistait un solde à la date d'échéance, les intérêts s'appliqueraient sur le coût de l'achat (et non sur le solde) et ce, de façon rétroactive. Avec des taux d'intérêt de 29% par année, tu peux imaginer que cette nouvelle a fait un beau gros trou dans mon budget. C'est ce qu'on appelle un imprévu !

PAYER LES COMPTES

Avec ton nouvel appartement viendront aussi les comptes à payer.

Sois vigilant. Les retards fréquents dans le paiement des comptes apparaitront à ton dossier de crédit et en feront baisser la cote. Cela pourrait être embêtant si un jour tu devais faire un emprunt pour du mobilier, une voiture ou autre. Ton dossier de crédit te suivra toute ta vie et les mauvaises cotes ne s'effaceront qu'au bout de plusieurs années. Fais en sorte de payer tes comptes avant la date d'échéance. La majorité des comptes peuvent être payés par la poste et via Internet, sur le site web de ton institution bancaire. Ce service est pratique, rapide et peut t'éviter des retards inutiles puisqu'il est disponible 24 heures par jour, 7 jours par semaine. Certains offrent même la possibilité de déterminer à l'avance une date à laquelle le paiement sera fait.

L'IMPACT D'ÊTRE LOCATAIRE
POUR TES IMPÔTS

Pense à demander à ton futur propriétaire un Relevé 4 (impôts fonciers) pour tes impôts personnels. Il s'agit de la portion de taxes payées par le propriétaire pour ton logement. Il doit te fournir ce document avant le dernier jour de février de chaque année.

Bref, vivre en appartement demande des ressources financières importantes, mois après mois. Ne néglige pas l'étape primordiale du budget si tu veux pouvoir faire face à tes obligations. Il te faudra ajuster ton budget au fil du temps. Si malgré toutes tes bonnes intentions, tu ne parviens pas à faire un budget réaliste ou à t'y conformer, tu pourras toujours te tourner vers des organismes spécialisés en la matière. L'ACEF, entre autres, pourrait s'avérer une aide précieuse.

TROUVER L'APPART IDÉAL

L'appartement idéal n'existe pas. C'est un dur constat, je sais. Habiter au 18e étage d'un immeuble du centre-ville avec ascenseurs, salle d'exercice et piscine n'est généralement pas à la portée d'un jeune adulte qui en est à sa première expérience. Même si tes ambitions sont plutôt de trouver un vieil appart au cachet historique bien conservé qui a échappé aux augmentations successives de loyer, tu es probablement idéaliste. Dans tous les cas, tu devras faire des concessions et établir ta liste de priorités, car chaque logement comporte son lot d'inconvénients.

« Location, location, location! », comme disent les Anglais.

L'important est de trouver le logement qui sera bien situé par rapport à tes besoins personnels. Un logement qui est approprié pour une personne ne l'est pas forcément pour une autre. Si tu es étudiant, c'est une bonne idée d'emménager près de l'école car c'est bien de pouvoir retourner chez soi quand on a 5 heures à tuer entre deux cours. Si tu n'as pas de voiture, pense à être le plus près possible des transports en commun et évalue le trajet que tu auras à faire chaque jour, quelque soit la température. Par contre, si tu as une voiture, pense aux possibilités de te stationner près de chez toi. Certaines villes permettent le stationnement dans les rues, mais avec les hivers que l'on connaît, il peut être désagréable de se lever à cinq heures du matin pour aller changer la voiture de place afin de permettre le déneigement et de ne trouver une place de stationnement que trois rues plus loin parce que tous tes voisins cherchent en même temps que toi.

Si tu aimes la vie communautaire, les pubs irlandais et les petits cafés, ne pense pas aller t'installer dans un quartier industriel qui devient fantomatique après 18 h 00. De même, si le bruit t'exaspère et que tu recherches la tranquillité, un logement sur un boulevard est contre-indiqué.

Réfléchis bien…

Sur un boulevard, c'est pratique parce que c'est souvent proche des transports en commun et des services. Par contre, il y a le bruit et la poussière qui entreront par tes fenêtres durant l'été.

Sur une rue parallèle, les arbres et la tranquillité sont souvent au rendez-vous, mais ça peut être moins sécuritaire si tu dois y marcher tard le soir.

Si tel est le cas, évalue le trajet que tu devras faire en rentrant du travail mais aussi en revenant de tes sorties. Devras-tu passer par une ruelle sombre avec des chats noirs ? Quant au parc, s'il représente le lieu idéal pour te prélasser ou faire ton jogging durant le jour, il peut devenir inquiétant une fois la nuit tombée. Devras-tu le traverser pour rentrer chez toi en fin de soirée ?

Trouver un logement abordable juste au-dessus d'un bar fréquenté par les motards, c'est peut être une bonne affaire si tu es grand, sourd et musclé. Possiblement que lors de ta visite à 10h le matin, l'atmosphère te semblera correcte. De retour chez toi à onze heures du soir, tu changeras sûrement d'idée. Le bruit et la présence de ces messieurs qui te regardent passer te déplairont sans doute grandement.

« Spot » l'épicerie. Crois-en mon expérience de « fille-pas-de-char » : traîner l'épicerie sur une longue distance pour finalement la monter au troisième étage d'un immeuble sans ascenseur donne envie de manger au resto fréquemment.

Les étages, parlons-en. Au sous-sol, si souvent le prix du logement peut être jusqu'à 100$ de moins qu'à l'étage, c'est moins éclairé, plus propice à la présence d'insectes et souvent plus humide. Cela fait en sorte que c'est plus difficile à chauffer. La facture du chauffage fera finalement grimper le coût total du loyer.

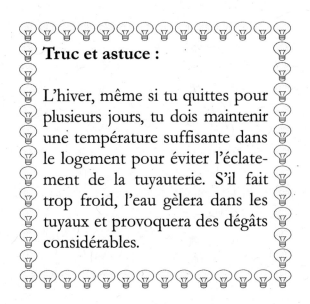

Truc et astuce :

L'hiver, même si tu quittes pour plusieurs jours, tu dois maintenir une température suffisante dans le logement pour éviter l'éclatement de la tuyauterie. S'il fait trop froid, l'eau gèlera dans les tuyaux et provoquera des dégâts considérables.

Le semi-sous-sol est un compromis entre le sous-sol et le rez-de-chaussée. Le logement sortant à moitié de la terre, les fenêtres sont un peu plus grandes — c'est donc mieux éclairé qu'au sous-sol. Il peut être avisé de choisir un semi-sous-sol pour son prix avantageux, en prenant soin de peindre les murs de couleurs claires pour maximiser la luminosité. Tu peux même penser à installer un miroir sur le mur qui fait face à la fenêtre, cela reflétera la lumière.

Le rez-de-chaussée est plus facile d'accès. De plus, si tu as des voisins en dessous, au-dessus et de chacun des côtés, les coûts de chauffage devraient diminuer considérablement. Par contre, pense que tu devras faire attention au bruit que tu fais en marchant puisque tu as un voisin en dessous. Souvent, tu entendras toi aussi le voisin au-dessus qui marche.

Au dernier étage, il n'y a aucun voisin au-dessus pour te déranger. Cependant, quand tu reviens les bras chargés de paquets, il est fort possible que tu arrives en haut exténué, surtout si tu as eu à faire plusieurs voyages. Pour ma part, les trois étages que je dois gravir quotidiennement me donnent bonne conscience lorsque je néglige mes visites au gym. Évidemment, si l'immeuble dispose d'un ascenseur… ça ne compte pas dans ton entraînement.

Maintenant, passons à l'appartement comme tel. Tout le monde rêve d'un grand 4 ½ pièces avec : plancher de bois franc, beaucoup de fenêtres, une cuisine fonctionnelle, une grande salle de bain avec coin lavage, etc. Malheureusement, dans les faits, ces appartements sont dispendieux. Puis, as-tu vraiment besoin de tout ça ? Reviens à ton budget et établis ta liste de priorités. As-tu déjà des meubles ou dois-tu tout acheter ? Opteras-tu pour un appartement tout meublé ou encore semi-meublé (ce qui normalement veut dire que seuls la cuisinière et le frigo sont inclus) ? Sache que les appartements meublés sont plus rares, souvent plus petits et plus chers (il faut bien que le propriétaire rentabilise l'achat des meubles). Cela peut quand même être un choix intéressant pour un premier appart.

As-tu besoin d'une grande cuisine pour recevoir plein de monde ? Ou est-ce qu'un comptoir lunch suffirait à tes besoins ? Un lave-vaisselle quand tu vis tout seul et que tu n'es pas celui qui reçoit la gang… est-ce vraiment utile ? Y a-t-il une armoire pour la nourriture ou dois-tu empiéter dans les armoires pour ranger tes conserves ? Y a-t-il une surface de comptoir minimale pour travailler, pour y laisser un grille-pain et une cafetière ? Un coin pour le micro-ondes ? Pense à mesurer les espaces prévus pour les électroménagers. Si tu possèdes déjà un four de 30 pouces et que l'espace est prévu pour un four de 24 pouces… tu auras un problème. Y a-t-il une hotte au-dessus de la cuisinière ?

Pour la salle de bain, es-tu plutôt du genre bain ou douche ? As-tu besoin de rangement pour tes 48 petits pots de crème ? Y a-t-il une lingerie pour tes serviettes ? Pense qu'un lavabo sur pied (sans vanité) est moins pratique pour le rangement des produits ménagers et qu'il n'y a pas de surface pour y laisser ta brosse à dents. Y a-t-il un ventilateur pour éliminer l'humidité ? Y a-t-il une « entrée lessiveuse-sécheuse », c'est-à-dire la possibilité d'installer de façon permanente une lessiveuse ainsi qu'une prise de courant 220v et une sortie d'air vers l'extérieur pour la sécheuse? Sinon, y a-t-il une buanderie dans l'immeuble ? Si oui, est-elle payante ou gratuite ? Si aucune de ces installations n'est prévue, tu peux t'équiper d'une mini-lessiveuse portative à brancher à l'évier lorsque tu veux l'utiliser... ou repérer la buanderie la plus proche. Pense qu'il peut être ardu de te rendre à une laverie avec un gros sac de vêtements si tu ne possèdes pas de voiture.

Un petit bureau dans un coin du salon ou de la chambre répondra-t-il à tes attentes ou as-tu besoin d'un grand espace de travail avec rangement ?

Quant à la chambre, doit-elle obligatoirement être fermée ? Si tu vis en couple, c'est une bonne idée. Pendant que l'un des deux dort, l'autre peut continuer de vaquer à ses occupations sans déranger le dormeur. Une garde-robe est indispensable pour ranger tes vêtements. Pense aussi qu'il est très utile d'avoir une autre garde-robe dans l'entrée pour les manteaux, les bottes, etc... Si tu vis seul, tu peux opter pour un studio (une grande pièce avec un coin cuisine et une salle de bain) qu'on appelle aussi un loft pour faire chic. Un loft est normalement un espace industriel à aire ouverte converti en appartement. Il est devenu à la mode car plusieurs artistes ont adopté ce mode d'hébergement dans les années passées.

Si tu optes pour un 2½, tu n'auras normalement pas de chambre fermée, mais plutôt un espace en retrait pour y installer ton lit, ouvert sur le reste de l'appartement. Pour avoir une chambre fermée, il faut au moins un 3½, un 4½ pour deux chambres fermées et ainsi de suite. S'il y a un salon double, cela compte pour deux pièces.

C'est bien beau de choisir un 3½, mais il faut aussi tenir compte de la grandeur des pièces. Une chambre de 8 X 10 pieds est tout juste bonne pour y placer un lit double et une commode. Il faut aussi évaluer la grosseur du mobilier que tu possèdes. Si la pièce est vide, elle te semblera beaucoup plus grande. Si elle est surchargée de meubles et de bibelots lors de ta visite, elle pourrait te sembler trop petite alors qu'elle est suffisamment grande pour tes besoins. Si les meubles sont massifs, foncés et encombrés, la pièce paraîtra petite en comparaison de la même pièce peinte avec des tons clairs et meublée de façon minimale.

L'éclairage naturel est important. Y a-t-il suffisamment de fenêtres pour assurer un éclairage minimal ? Y a-t-il des plafonniers pour l'éclairage le soir ou dois-tu installer des lampes ?

Est-ce que le logement est suffisamment insonorisé ou peux-tu, bien installé dans ton salon, écouter le hockey en même temps que ton voisin... sur SON appareil ?

Le logement est-il chauffé à l'électricité ? Au mazout ? Au gaz ? Chacun de ces systèmes de chauffage comporte des pours et des contres. L'électricité est dispendieuse, mais on peut contrôler le chauffage pièce par pièce avec des thermostats individuels. Un chauffage qui compte sur une fournaise au mazout dans le corridor peut être inconfortable, trop chaud près de la fournaise et trop froid dans les pièces plus éloignées. Quant au gaz, il demande beaucoup de prudence. Un chauffage à eau chaude, souvent installé dans les vieux appartements, ne permet pas non plus de contrôler le chauffage par zone.

Disposeras-tu au moins d'un petit balcon pour prendre l'air durant les chaudes soirées d'été ?

Si les fenêtres sont toutes disposées sur le même pan de mur, cela te rendra la tâche d'aérer l'appartement plus difficile.

Devras-tu installer un appareil d'air climatisé pour survivre dans ton 3e étage mal aéré? Quel type de fenêtres y a-t-il ? Des fenêtres récentes isoleront mieux et diminueront les coûts de chauffage.

Dans quel état est le logement ? Devras-tu tout repeindre? Effectuer des réparations ?

Y a-t-il suffisamment de prises électriques? Les logements plus anciens ont souvent une seule prise par pièce. Pas facile quand tu veux brancher téléviseur, lecteur dvd, lampe, ordinateur et système de son. Tu peux toujours te munir d'une multiprise et de rallonges électriques, mais c'est moins « chic » un amas de fils dans le salon.

DE LA PLACE POUR PITOU OU MINOU

As-tu prévu partager ton appartement avec pitou ou minou ? Pas chéri(e), mais bien un pitou à poil et à quatre pattes. Il faut t'assurer que tu auras le droit d'avoir un animal domestique dans ton appart si tu désires partager l'espace avec ton fidèle ami. Aussi, avoir un labrador dans un studio au 3e étage n'est peut-être pas une bonne idée. Il aura fait le tour du logement en 3 secondes et manquera d'espace pour évoluer librement. De plus, pense qu'il faudra descendre et remonter souvent pour lui permettre d'aller faire ses besoins à l'extérieur. Si ton chien jappe durant des heures pour souligner qu'il s'ennuie durant tes absences… cela incommodera sans aucun doute tes voisins qui n'hésiteront pas à t'informer de leur mécontentement directement ou via le propriétaire.

Enfin, avant de choisir l'appartement idéal, tu dois absolument réfléchir à tous ces volets, en tenant compte de ta capacité de payer. Tu devras sûrement visiter plusieurs appartements avant d'arrêter ton choix. Ne te décourage pas. Tu verras probablement des taudis… qui pourtant n'avaient pas l'air si mal sur Internet. Il y a des logements si petits qu'on doit utiliser du mobilier pour enfants si on veut être certain d'y loger tous les items nécessaires à la vie moderne, d'autres qui semblent tout à fait convenables, mais qui, après vérification, sont situés dans des immeubles réputés pour être infestés de punaises (une vraie plaie dans plusieurs immeubles de Montréal); d'autres enfin qui seront tout à fait bien mais si mal situés. Il faut persévérer et tenir à tes priorités.

Quand tu auras visité une douzaine de logements insalubres et qu'enfin tu trouveras un coquet petit appart tout rénové, il se peut que tu oublies ta liste de critères de base et que tu veuilles signer au plus vite un bail. Attention ! Pour ma part, après avoir visité un logement où l'on voyait la moisissure sur les murs, un autre où tout était à refaire et d'autres encore sales et désuets, j'ai bien failli signer pour un mignon petit « placard» tout rénové.

Heureusement, maman était là. Elle m'a fait voir qu'une fois meublé d'un lit simple, d'une table bistro et d'une causeuse, il ne me serait pas possible d'y loger en plus une commode et un téléviseur. J'aurais fini pas détester cet appart et je n'aurais pas trouvé cet autre appart bien mieux situé, beaucoup plus grand et fonctionnel… pour à peu près le même prix. Sois patient et cherche tant que tu n'auras pas un appartement qui te convienne vraiment. Pense que tu devras y vivre durant plusieurs mois, voire même plusieurs années. Aussi, avant de signer ton bail, fais le tour du quartier à pied. Cela te donnera une bonne idée de l'atmosphère des lieux, de la composition du voisinage et des services à proximité (épicerie, pharmacie, école, parc, bibliothèque, gym, fruiterie, centre commercial, cafés…).

Tu peux utiliser la fiche d'évaluation des apparts suivante ou la télécharger à partir du site www.nouvelleoptique.com

Adresse :	Appart 1	Appart 2	Appart 3
Nombre de pièces			
Coût du loyer			
Type de chauffage			
Chauffage inclus			
Étage			
Ascenseur			
Coût d'électricité			
Coût du chauffage			
Entrée laveuse-sécheuse			
Buanderie dans l'immeuble			
Entrée lave-vaisselle			
Électros inclus			
Meubles inclus			

Adresse :	Appart 1	Appart 2	Appart 3
Disponibilité le			
Balcon arrière, balcon avant, cour			
Stationnement			
Revêtement de sol			
Pression d'eau			
Prises électriques			
Prises téléphoniques			
Air climatisé			
Transport en commun			
Épicerie à proximité			
Pharmacie à proximité			
Dépanneur à proximité			
Parc à proximité			
Etc...			

OÙ ET COMMENT CHERCHER L'APPART IDÉAL ?

Il y a plusieurs endroits où l'on peut découvrir des annonces de logements en location.

Il y a bien sûr les annonces sur les sites Internet comme

www.lespac.com
www.kijiji.ca
www.craigslist.org

La plupart du temps, tu peux chercher par quartier, par grandeur de logement et par prix.

Il y a aussi les journaux locaux ou même régionaux (pour les grandes villes). C'est souvent le premier réflexe du propriétaire que de mettre une petite annonce dans le journal du coin pour faire savoir qu'il a un ou des logements disponibles.

Parfois, dans les quartiers les plus populaires, les propriétaires ne font que mettre une affiche « À louer » dans une des fenêtres du logement. Il faut alors que tu puisses faire le tour du quartier pour noter les adresses et les numéros de téléphone.

L'idéal, c'est de consulter rapidement les annonces classées tous les matins, car les meilleurs logements sont choisis les premiers. Ne songe pas à prendre rendez-vous pour une visite une semaine à l'avance – il sera probablement déjà loué d'ici à ce que tu le voies. Quand tu visites un logement dans un quartier que tu aimes, prends la peine de noter le numéro de téléphone sur les autres affiches « À louer ».

Enfin, ne néglige pas le réseautage. Souvent, quand on laisse savoir que l'on est à la recherche d'un appartement, les amis, les parents, les collègues peuvent devenir une source importante d'information. Tu peux même poster l'info sur ton facebook. Qui sait si un de tes amis éloignés ne te proposera pas de reprendre le bail de la cousine de l'amie d'un ami …!

Lors d'une visite, apporte ton formulaire de comparaison, de l'argent et tes papiers d'identité. Si tu trouves le logement idéal que tu ne veux pas laisser filer, peut-être voudras-tu faire tout de suite une demande de location. Si tel est le cas, on exigera probablement un dépôt de ta part.

En ce sens, la plupart des propriétaires procéderont à une enquête de crédit avant de consentir à la signature du bail. Le propriétaire peut te demander les informations nécessaires à la location des lieux seulement. Par exemple, il peut te demander une carte d'identité et des références. Il a également le droit de te demander les informations nécessaires pour faire une enquête de crédit. Tu n'es pas obligé d'accepter, mais garde en tête qu'il n'est pas obligé de te louer non plus ! De plus, souvent, le propriétaire se montrera prudent, surtout s'il a eu de mauvaises expériences par le passé. C'est à toi de le rassurer.

Encore une chose, le propriétaire n'a pas le droit de faire preuve de discrimination dans la location de son logement. Sache qu'on se présente à une visite de logement comme à une entrevue d'embauche. Tu dois arriver préparé, avoir une liste de questions pertinentes en tête et t'assurer que ta tenue vestimentaire ne projettera pas une image négative. Par exemple, si tu as un piercing au visage, il serait bien de t'en départir le temps de la visite. Ce ne sont pas tous les propriétaires qui comprennent la mode des jeunes. Certains ont des idées préconçues et craindront que tu fasses partie d'un gang de rue uniquement parce que tu as un tatouage sur le bras. Si c'est ton cas, porte un chandail à manches longues pour le camoufler.

SIGNER LE BAIL

Quant on veut louer un appartement, il faut signer un bail. La plupart des baux durent un an. Au Québec, les baux débutent généralement au 1er juillet de chaque année. Aussi, si tu signes un bail en cours d'année, il est possible que le propriétaire propose d'allonger la durée du bail jusqu'au 1er juillet de l'année suivante. Ainsi, ton bail aura une durée plus longue.

UN BAIL, C'EST UN CONTRAT

Ne crois pas que la signature d'un bail est un acte sans conséquence. Il s'agit d'un contrat entre toi et le propriétaire des lieux. Il a force de loi et tu dois t'y conformer. Si tu signes un bail de trois ans... tu devras le respecter et payer la location jusqu'à l'échéance.

Le bail doit, au minimum, établir quel est le lieu loué (adresse civique), le prix de la location et sa périodicité, ce qui est inclus dans le prix du loyer et la durée du contrat.

Le formulaire de bail de la Régie du logement du Québec est obligatoire depuis le 1er septembre 1996 pour tout logement, que ce soit une chambre, un appartement ou une maison. Ils sont disponibles dans les librairies, les bureaux de la Régie, certains dépanneurs et pharmacies. La plupart des propriétaires l'auront en main. Ce document reprend les clauses essentielles et fait en sorte que les deux parties soient protégées.

PEUT-ON RÉSILIER UN BAIL ?

Contrairement à la croyance populaire, il n'est pas possible de résilier (casser) son bail avec trois mois d'avis si le propriétaire n'y consent pas. Tu peux sous-louer, avec l'accord du proprio, ton logement, mais tu resteras responsable du paiement du loyer si le locataire n'acquitte pas son dû. C'est un pensez-y bien. Il est également possible de céder ton bail. Dans ce cas, le consentement du proprio est également requis, mais tu transmets tes droits et obligations au prochain locataire. Tu ne seras donc plus responsable. Pour refuser la cession du bail, le propriétaire doit pouvoir justifier son refus. Il n'est pas obligé d'accepter une famille de six personnes dans un studio, tout comme il a le droit de refuser la location à une personne n'ayant pas les moyens de le payer.

LE DÉPÔT

La plupart du temps, tu devras payer le premier mois de location à l'avance à la signature du bail. Certains propriétaires exigent aussi le dernier mois de location, mais ils n'ont pas ce droit au Québec, la limite étant fixée à un mois de loyer à l'avance. De plus, ils ne peuvent exiger des chèques postdatés pour le paiement de tous les mois de loyer. À toi de voir si cette méthode de paiement te convient.

Tu dois payer ton loyer à la date convenue (souvent le 1er du mois) pour conserver tes droits. Dès le premier jour de retard, le propriétaire peut faire une demande à la Régie du logement pour faire payer son dû, y compris les intérêts et les frais de la demande. Après trois semaines de retard, il peut même demander la résiliation du bail et t'évincer des lieux. **Même si tu es évincé, tu resteras responsable d'acquitter les sommes dues jusqu'à ce que le logement soit loué de nouveau ou jusqu'à la fin du bail, selon la première échéance.**

Dans un cas de colocation, le nom de chacun des locataires doit figurer au bail, et tous seront probablement conjointement et solidairement responsables du paiement du loyer. Cela signifie que si un de vous ne paie pas sa part, les autres devront l'assumer. Si ton coloc ne paie pas, ce sera alors TA responsabilité d'acquitter le loyer, et tu ne pourras le mettre à la porte si son nom figure au bail. Après tout, il a les mêmes droits que toi en matière d'occupation des lieux !

Pour te protéger, tu peux signer un contrat entre colocs. Il existe un formulaire de **conventions entre colocataires**, disponible sur le site de la Régie du logement. Pour l'obtenir, visite le www.rdl.gouv.qc.ca

Conseil d'ami : Avant de signer quelque contrat que ce soit, prends la peine de le lire en entier.

QU'EST-CE QUI EST INCLUS DANS LE BAIL ?

Le logement est-il chauffé par le propriétaire ? Si oui, as-tu quand même le contrôle sur le thermostat ? Est-ce toi qui assume les coûts de la location du chauffe-eau ? Personnellement, il m'est arrivé de louer un logement et de recevoir quelques mois plus tard une facture de location de chauffe-eau rétroactive à la date d'occupation. Je n'avais pas pris la peine de lire toutes les clauses du bail et ma propriétaire, aussi négligente que moi, n'avait pas pris la peine de m'en informer. Pourtant, cela figurait bien au bail. J'ai donc dû modifier mon budget en conséquence.

Y a-t-il des électroménagers compris avec la location ? Si oui, lesquels ? Seras-tu responsable de leur entretien (réparations) ou est-ce le propriétaire qui s'en chargera en cas de bris ?

Y a-t-il des meubles d'inclus ? Des parures de fenêtres ?

Tout ce qui est promis par le propriétaire doit être inscrit en toutes lettres sur le bail. Rien de plus facile que de faire milles promesses... et de ne pas les tenir.

Si le propriétaire te promet de repeindre l'appartement ou de fournir la peinture et de te laisser faire le travail, il faut que ce soit inscrit dans le bail. De plus, il arrive fréquemment que le propriétaire limite les couleurs de peinture. Certains vont même jusqu'à spécifier que seule la peinture blanche est autorisée. Attention ! Ne va pas repeindre des portes, incluant des portes d'armoires, des plinthes et moulures qui n'ont pas déjà été peintes sans le consentement écrit du propriétaire. Peut-être n'aimes-tu pas le bois naturel? Mais si le propriétaire a décapé avec amour ses moulures durant des semaines et que tu y appliques deux couches de peinture mauve, cela risque de créer un conflit intergénérationnel.

Assure-toi aussi avant de signer ton bail du bon fonctionnement des robinets, de la chasse d'eau, des prises, des interrupteurs, des électroménagers inclus s'il y a lieu, de la hotte au-dessus de la cuisinière, de l'état des planchers et des fenêtres. Note au bail toute réparation qui devra être effectuée avant ton arrivée. Tout dommage déjà présent à ton arrivée doit être noté au bail afin d'éviter que le propriétaire souffre d'amnésie temporaire lorsque tu quitteras les lieux. Tu ne voudrais pas, par exemple, avoir à défrayer le coût d'une moquette tachée par l'ancien locataire.

Au Québec, le bail se renouvelle automatiquement pour une période équivalente à celle du bail original. Si le propriétaire désire augmenter le coût du loyer, il devra t'aviser au minimum trois mois avant la fin du bail. Tu auras alors 30 jours pour lui signifier ton désir de renouveler ou non ton bail. Fais-le par écrit et exige sa signature sur un document que tu conserveras. Sois prudent : si tu négliges de donner une réponse dans les délais, tu es réputé avoir accepté toutes les modifications au bail, et tu devras t'y conformer.

Si tu n'as pas reçu d'avis mais que tu désires quitter ton logement, tu devras aviser ton propriétaire au plus tard trois mois avant la fin du bail. Fais-le par écrit. Ces normes s'appliquent pour les baux de 12 mois et plus. Dans le cas des baux de plus courte durée, l'avis d'augmentation peut être donné un à deux mois avant la fin du bail. S'il y a plusieurs signataires sur le bail, le propriétaire devrait transmettre un avis d'augmentation par écrit à chacun d'eux.

Si tu désires rester dans ton logement mais que tu juges l'augmentation abusive, tu peux demander à la Régie qu'elle fixe le coût du loyer. Pour augmenter le loyer de façon significative, le propriétaire doit justifier la hausse par des améliorations faites au logement, les taxes, les coûts de chauffage et les assurances qu'il assume, etc.

Le propriétaire a aussi la possibilité de reprendre le logement pour s'y loger lui-même, y loger un de ses enfants, son père, sa mère ou tout autre parent dont il est le principal soutien. Pour ce faire, il doit donner un avis écrit au moins six mois avant la fin du bail.

Les informations ci-haut sont un résumé des lois en vigueur. Elles ne couvrent pas l'ensemble des subtilités légales relatives à la signature d'un bail et peuvent changer. Avant de signer un bail, je te suggère de consulter le site de la Régie du logement, qui renferme une foule de renseignements. Il y a des clauses particulières selon que tu loues dans une coopérative ou dans une résidence pour étudiants ou si tu loues une chambre dans une maison… Être au courant de ses droits et responsabilités est essentiel et évite beaucoup de problèmes. Ton père a assurément une bonne connaissance du processus de la signature d'un bail, mais il ne constitue pas une source légale sur laquelle tu peux te fier. La Régie ne l'acceptera pas comme témoin en cas de problème…

POUR PRENDRE DE L'ASSURANCE, MIEUX VAUT ÊTRE ASSURÉ

Au Québec, il n'est pas encore obligatoire de détenir une assurance-habitation, mais ça devrait l'être. Tu penses que tu n'as pas à t'assurer parce que tes biens ont peu de valeur ? Erreur ! Tu seras aussi responsable des biens de tes voisins et de ceux du propriétaire si les dommages te sont imputables.

Normalement, l'assurance habitation couvrira la perte des biens mobiliers de l'assuré, de son conjoint et de ses enfants en cas de sinistre (feu, vol, vandalisme, dégâts d'eau, tornade, tempête). Devoir tout recommencer à zéro après un feu ou une inondation n'est pas facile. Dans le cas d'une colocation, l'assurance doit être souscrite aux noms de tous les occupants.

Plus important encore, assure-toi que ta police comporte bien une assurance responsabilité civile. Celle-ci couvrira les dommages des voisins et du propriétaire dans le cas où le sinistre aurait pris naissance chez toi. Elle couvrira également les réclamations d'un visiteur qui se serait blessé chez toi, par exemple un ouvrier que tu aurais engagé pour effectuer une réparation.

Tranche de vie. J'emménageais seule pour la première fois. Vu mon budget serré, j'avais acheté la lessiveuse d'un particulier via les petites annonces. Je l'ai installée, papa l'a vérifiée. Deux jours plus tard, je dormais paisiblement lorsque mon chat (merci Zéphyr) est venu me réveiller avec insistance. En me réveillant, je perçois un bruit d'eau qui coule. Je me lève, me dirige vers la salle de bain et me rends compte que le tuyau de la lessiveuse a éclaté durant la nuit. Évidemment je ferme l'arrivée de l'eau et essuie les cinq centimètres d'eau accumulés sur le plancher de la salle de bain. Étrangement, j'entends toujours un bruit d'eau qui coule. Je sors de mon appartement, me rends, en suivant le bruit, dans le corridor du dessous. J'arrive juste à temps pour voir le plafond s'écrouler sous mes yeux incrédules. Prise de panique, je remonte chez moi et appelle mon père qui me répond qu'il ne peut plus rien y faire et que je devrai affronter la propriétaire le lendemain matin. J'avais négligé de retourner mon formulaire d'assurances à temps. Il a donc fallu que je m'entende avec la propriétaire qui a profité de l'occasion pour augmenter sensiblement le coût du loyer pour toute la durée du bail. Malgré tout, j'ai été chanceuse car elle a amorti le coût des réparations sur les douze mois alors qu'elle aurait pu exiger le paiement entier immédiatement.

Assure-toi donc que ta police est en vigueur dès le jour du déménagement ! Pense qu'un déménagement peut créer des accidents coûteux.

Lorsque tu choisis ton assurance, fais attention à la couverture prévue. Tu dois aussi comparer les primes (coût mensuel de l'assurance) exigées en tenant compte des franchises ou déductibles (montant à payer toi-même avant que l'assureur ne débourse un seul sou) à payer lors d'une réclamation. Par exemple, si tu as une réclamation de 1000$ et que ton déductible est de 500$, l'assureur ne te remboursera que les 500$ restants. Dans certains cas, il ne vaut pas la peine de réclamer. Souvent, une réclamation fera grimper les primes que tu as à payer lors du renouvelle-ment de la police.

Renseigne-toi aussi si tes biens sont couverts avec valeur à neuf, c'est-à-dire qu'en cas de sinistre, tes biens seront remplacés par des biens équivalents de même qualité. Il existe un formulaire pour t'aider à évaluer tes biens. Consulte le site du bureau d'assurances du Canada. Tu le trouveras au www.infoassurance.ca.

L'assurance est complexe et comporte de nombreuses exclusions selon les contrats. Par exemple, la plupart du temps, le refoulement d'égout n'est garanti que s'il fait l'objet d'une clause particulière et souvent l'assurance ne couvre pas les inondations. Si tu travailles de la maison, tu dois en aviser ton assureur qui modifiera ta police pour tenir compte de tes besoins.

Ton assurance couvre-t-elle tes biens à l'extérieur de chez toi ? Par exemple, si ton ordinateur est volé dans ta voiture, pourras-tu faire une réclamation ?

Il est important de bien te renseigner et de comprendre la police que tu t'apprêtes à acquérir. Il y a souvent des différences importantes entre les primes d'un assureur à l'autre. Il est avisé de demander plus d'une soumission.

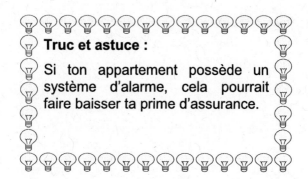

Truc et astuce :

Si ton appartement possède un système d'alarme, cela pourrait faire baisser ta prime d'assurance.

Demander conseil est une très sage décision.

DE QUOI AURAS-TU BESOIN ?

Si tu songes à voler de tes propres ailes, c'est une bonne idée de commencer un « trousseau » avant de partir. Cela peut paraître vieux jeu, mais c'est finalement très pratique. Si tes parents te permettent de stocker chez eux des achats pour ton futur appartement, profites-en. Déménager coûte très cher ! Plus tôt tu commences à accumuler tes articles ménagers, mieux c'est. De plus, c'est tellement agréable ! Ça t'aidera à patienter jusqu'au grand jour où tu emménageras (enfin !) dans ton nouveau chez-toi. S'il est agréable d'acheter des choses neuves, tout le monde ne peut pas se le permettre. Aussi, pour certains articles, il vaut vraiment la peine de regarder du côté d'un mobilier usagé.

Ce qu'il faut…

Cuisinière
Réfrigérateur
Bouilloire
Grille-pain
Mijoteuse
Mixette
Fer à repasser
Planche à repasser
Séchoir pour les cheveux
Lessiveuse
Sécheuse
Cafetière
Micro-ondes
Lave-vaisselle

Ensemble de vaisselle (4 couverts minimum – 8 de préférence)
Ustensiles (4 couverts minimum – 8 de préférence)
Batterie de cuisine
Poêle antiadhésive
Verres
Couteaux
Planche à découper
Passoire

Louche
Spatule
Éplucheur
Ouvre-boîte
Ciseaux
Plats de pyrex pour le four
Bols à mélanger
Plats de plastique pour les lunchs
Salière et poivrière
Verres à vin
Verres à bière
Plaque à biscuits
Moule à muffins
Tirebouchon
Plat à fondue
Bols à dessert
Marguerite
Râpe à fromage
Tasse à mesurer
Contenants pour farine et sucre
Sous-verres

Ensembles de draps
Couette
Oreillers
Couverture
Couvre-matelas

Serviettes pour le bain (3 minimum – 6 de préférence)

Serviettes à main

Débarbouillettes (6 minimum – 12 de préférence)

Linges à vaisselle (4 minimum – 8 de préférence)

Linges pour laver la vaisselle (4 minimum – 8 de préférence)

Linges pour le ménage (2 minimum – 4 de préférence)

Napperons

Serviettes de table

Tapis de bain

Vadrouille

Chaudière

Balais

Porte-Poussière

Bac de recyclage

Poubelles

Balayeuse

Bac à vaisselle

Ventouse

Brosse de toilette

Lit

Table de nuit

Table de cuisine
2 ou 4 chaises
Chaises pliantes
Sofa
Table de salon (1 ou 2)
Miroir
Meuble de télé
Bibliothèque
Bureau de travail

Téléviseur
Ordinateur
Système de son
Téléphone
Lecteur dvd

Articles de salle de bain
Pôles à serviettes
Panier de lavage
Lampes
Rideaux ou stores
Cintres
Horloge
Ventilateur
Air climatisé
Cendriers
Ampoules de rechange

Cadres, coussins, décorations
Bougeoir et bougies
Lampe de poche

Outils : marteau, tournevis, vis, clous, niveau, ruban à mesurer, etc.

C'est fou tout ce qu'il y a dans un appartement. Évidemment, tu peux te passer de certains articles, mais la plupart sont très utiles. À toi d'adapter la liste proposée à tes besoins.

_____

_____

_____

_____

_____

_____

_____

_____

PARCE QU'IL FAUT
SE NOURRIR

Se loger, c'est bien beau, mais il faut aussi penser à se nourrir. La planification des repas est essentielle non seulement à ta santé, mais aussi à celle de ton porte-monnaie. Combien de fois ai-je rempli le frigo le vendredi, mangé au restaurant toute la semaine et jeté presque tout le contenu de mon frigo le vendredi suivant? Planifier ses repas, ça veut dire décider et même cuisiner à l'avance. Quelques petits trucs qui te sauveront temps et argent.

- Fais une liste de ce que tu veux manger durant la prochaine semaine et prépare ta liste d'épicerie en fonction des repas choisis.
- Essaie d'anticiper les sorties de la semaine. Par exemple, tu as déjà prévu luncher avec ta meilleure amie mercredi, c'est la fête de ta cousine jeudi et tu manges chez

maman dimanche. Ton épicerie devrait être plus modeste cette semaine pour éviter la perte des aliments.

- Lorsque tu reviens de l'épicerie, coupe tes fruits et légumes à l'avance. Tu verras, tu seras beaucoup plus enclin à les consommer.

- Lorsque tu cuisines un plat, fais le double de la recette et congèle le reste en portions individuelles. De cette manière, tu auras toujours un plat prêt à être réchauffé.

- Limite le plus possible l'achat d'aliments préparés. D'abord, ils sont souvent nocifs pour ta santé et de plus, ils sont dispendieux. Il est si facile de faire sa sauce à spaghetti soi-même !

- Si tu as des amis déjà en appartement ou si tu as opté pur la colocation, tu pourrais leur suggérer ce que j'appelle une « journée-bouffe ». Faites une épicerie commune, partagez les coûts et cuisinez ensemble quelques plats destinés au congélateur.

C'est plus économique de faire de grosses portions et c'est tellement agréable avec un verre de vin et une bonne musique de fond.

- Achète les produits de saison. En plus d'être moins dispendieux, c'est un bon geste pour l'environnement lorsque les fruits et légumes ne voyagent pas sur des kilomètres et des kilomètres.

Il existe également des organismes qui préparent des paniers de fruits et légumes de saison provenant directement de producteurs locaux. Les prix sont bons, les produits frais et on encourage les agriculteurs du Québec pour qui les temps sont difficiles.

LA PREMIÈRE ÉPICERIE

Contrairement à ce qui se passait chez tes parents, l'armoire et le frigo de ton appartement ne se rempliront pas tout seuls. En ce qui me concerne, j'ai été surprise de constater qu'il y avait une fin au rouleau de papier de toilette.

Pour la première épicerie, prévois environ 150$. Chaque semaine, pour une personne, il faut compter en moyenne une cinquantaine de dollars pour une épicerie sans luxe, 75$ pour se gâter.

Voici une liste d'épicerie qui t'aidera chaque semaine à prévoir tes achats. Tu peux télécharger et imprimer cette liste en consultant le site
www.nouvelleoptique.com.

Le "fond d'armoire" à avoir en tout temps :

Sel
Poivre
Sucre
Farine
Épices
Ail
Oignon
Huile de cuisson
Huile d'olive
Vinaigre
Sauce soya
Moutarde

Mayonnaise
Ketchup
Noix
Pâtes
Riz
Conserves (légumineuses, thon, légumes, soupe, sauce)
Beurre ou margarine
Légumes surgelés
Œufs
Café
Thé
Céréales
Vinaigre balsamique
Parmesan râpé

À prévoir chaque semaine :

Lait
Yaourt
Fromage
Pain
Jus
Fruits
- bananes
- fraises
- pommes

- bleuets
- framboises
- melon
- poires
- ananas
- oranges
- clémentines
- pêches
- prunes
- cerises
- kiwi
- raisins
- autres _____

Légumes
- oignons
- céleri
- ail
- carottes
- pommes de terre
- chou-fleur
- brocoli
- laitue
- navet
- radis
- champignons
- poivrons

- fèves
- pois mange-tout
- choux de bruxelle
- épinards
- autre _____

Selon ton humeur, ajoute :

Viande haché
Cubes de bœuf
Filets de porc
Poitrines de poulet
Saucisses hot dog
Poissons
Charcuterie
Grignotines
Desserts
Mélange à muffins, gâteau
Sauces
Barres tendres
Pizza
Crème glacée
Pop-corn
Boissons gazeuses
autres _____

Il ne faut pas oublier :

Savon en barre
Savon à vaisselle
Détergent à lessive
Assouplisseur
Antisudorifique
Pâte à dent
Sacs de poubelle
Papier hygiénique
Essuie-tout
Produits nettoyants
Shampoing
Revitalisant
Autres : _____

CUISINER

Le frigo et l'armoire sont pleins. Que faire maintenant ? Sans compter les bons vieux livres de recettes, il existe une foule de sites Internet te proposant une multitude de recettes simples et délicieuses. Je te suggère entre autres :
http://www.recettes.qc.ca/
http://recettes.quebec.to/

http://www.leporc.qc.ca/
http://qc.allrecipes.ca/

Peut-être maman t'a-t-elle déjà appris à cuisiner? Ou peut-être es-tu désemparé face au grille-pain? Si tu es vraiment nul, ou si tu as envie de t'améliorer, pourquoi ne pas t'inscrire à un des cours de cuisine offerts dans ta région? C'est aussi une bonne façon de te faire de nouveaux amis.

Tu sais qu'il te faut manger cinq à dix portions de fruits et légumes par jour. Si les conserves sont pratiques, fais tout de même attention : elles contiennent souvent beaucoup de sucre et de sel. Recherche surtout les fruits sans sucre dans leur jus naturel. Tu peux bénéficier du côté pratique des conserves en les remplaçant par des fruits et légumes surgelés. En ce qui concerne les fruits frais, mieux vaut les conserver au réfrigérateur dès qu'ils ont atteint leur niveau de maturité. Pour les baies et les raisins, l'entreposage à la température ambiante n'est pas recommandé, même avant maturité. Pour les légumes (en dehors des courges), ils doivent tous être conservés au réfrigérateur. Note que les concombres, les kiwis, la laitue, les fèves germées et les radis ne se congèlent pas – à moins d'être cuits.

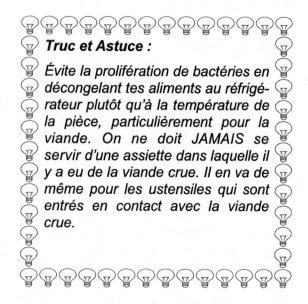

Truc et Astuce :

Évite la prolifération de bactéries en décongelant tes aliments au réfrigérateur plutôt qu'à la température de la pièce, particulièrement pour la viande. On ne doit JAMAIS se servir d'une assiette dans laquelle il y a eu de la viande crue. Il en va de même pour les ustensiles qui sont entrés en contact avec la viande crue.

LES ÉPICES...

Elles sont indispensables à la bonne cuisine. Par contre, inutile d'en stocker une quantité industrielle car au fil du temps, elles perdent leur saveur et leurs propriétés. Idéalement, il faut les conserver dans un endroit sec à l'abri de la lumière et de la chaleur. La plupart des épices se conservent pendant six mois, mais on peut les garder plus longtemps.

Combien de fois ai-je entendu cette phrase : « Ah ! Tu pars en appart ? Prépare-toi à manger du macaroni Kraft ! » ? Sache que, bien que le Kraft Dinner soit à mon avis savoureux et fasse partie d'un bon « fond d'armoire », il n'est pas nécessaire qu'il constitue ton alimentation de base.

Manger seul n'est pas toujours agréable, mais il est important de prendre la peine de se préparer de bons repas. Les bols de céréales ne font pas toujours de bons soupers. Tu peux te contenter de bouffe simple et rapide, mais prends au moins le temps de bien manger.

Trucs et Astuces:

- Avant de faire l'épicerie, assure-toi d'avoir le ventre plein. Si tu as faim, une foule d'aliments te sembleront attirants et tu risques d'acheter beaucoup plus que nécessaire.

- Si possible, tu peux passer à l'épicerie 2 fois par semaine et acheter en petites quantités. Ou encore, s'il y a une fruiterie près de chez toi, tu peux décider de faire une épicerie avec peu de fruits et légumes et passer en milieu de semaine à la fruiterie. De cette façon, tu auras toujours des produits frais et tu gaspilleras moins d'aliments.

« PACKE » LES PETITS, TU DÉMÉNAGES !

Ç a y est, ton bail est signé ! Tu as ta couverture d'assurances et ton trousseau. Il est maintenant temps de te préparer au jour D (D pour déménagement). Tu verras, il y a beaucoup à faire, plusieurs détails à prévoir, mais c'est grisant !

QUOI FAIRE AVANT DE DÉMÉNAGER ?

C'est une bonne idée de t'inscrire à Hydro-Québec en spécifiant la date à laquelle tu t'installeras dans ton nouveau logement. Si tu souhaites te prévaloir de services comme le câble, le téléphone et internet, fais aussi une demande à l'avance. Pense également (par exemple dans le cas d'une ligne téléphonique) que, comme tu en es à ta première expérience, il se peut qu'on exige de ta part des dépôts particuliers. Tu devras également acquitter des frais de branchement pour la plupart de ces services. Certains de ces frais peuvent être étalés sur des périodes de quelques mois ; vérifie auprès de chacune des compagnies avec lesquelles tu prévois faire affaire. En t'abonnant à l'un ou l'autre de ces services, tu devras prendre rendez-vous avec un technicien. Règle générale, ton rendez-vous ne sera pas fixé à une heure précise. Tu devras donc être disponible une journée entière. C'est la même chose si tu achètes des meubles neufs qu'on doit te livrer.

N'oublie pas que tu devras également effectuer ton changement d'adresse auprès des instances gouvernementales et compagnies avec lesquelles tu traites (RAMQ, SAAQ, banque, employeur, compagnies de crédit, abonnements, etc.)

TROUVER UN DÉMÉNAGEUR

Comment vas-tu déménager tous tes meubles ? Souvent, lors d'un premier déménagement, on fait appel à des amis ou connaissances qui ont un camion. Assure-toi d'avoir une couverture d'assurance-responsabilité civile en vigueur en cas de blessure. Si tu déménages toi-même tes biens, il est possible que ton assurance ne les couvre pas en cas de bris. Tu peux aussi louer un camion de déménagement. Dans ce cas, envisage la possibilité que la compagnie exige une caution en cas d'accident. Si tu décides de confier la tâche à un déménageur professionnel, assure-toi que celui-ci est aussi bien assuré que toi. Avant de choisir un déménageur, compare les prix. Il y a des différences colossales d'une compagnie à l'autre. Compare ce qui est inclus dans le taux horaire, le nombre de pieds-cube du camion, le nombre de déménageurs, l'emballage ou non du mobilier, les taxes. Demande s'il y a un nombre maximal de boîtes qui peuvent être transportées. La réputation de l'entreprise est également importante. Certains déménageurs sont minutieux et attentionnés, alors que d'autres se soucient peu d'égratigner ou non ta superbe table de cuisine.

Si tu dois emballer toi-même tes effets, assure-toi d'avoir des boîtes en quantité suffisante. Emballe les objets fragiles (tel que la vaisselle, les miroirs, les bibelots, etc.) dans du papier journal ou des couvertures pour les protéger.

Si tu as des meubles surdimensionnés, pense à mesurer à l'avance s'il sera possible de les faire entrer dans ton logement. Payer un déménageur qui fume sa cigarette en débattant avec son « partner » de la possibilité de faire passer le sofa par la porte d'entrée, c'est tout, sauf économique… surtout si celui qui maintient que « non, ils n'y arriveront pas », a raison.

Quand tu emballes tes effets dans des boîtes de carton, pense à bien identifier chacune d'elles. Cela facilitera le déménagement. Par exemple, tu peux inscrire « cuisine », « vaisselle » ou « salon » sur les boîtes. Lors du déménagement, les boîtes seront tout de suite apportées dans la bonne pièce. Cela t'évitera aussi de chercher tes petites culottes dans la boîte qui contient la vaisselle.

L'idéal, c'est de déménager après que l'occupant précédent ait quitté les lieux. Pour cela, tu dois lui demander à quelle heure le logement sera libre. S'il est impossible de fonctionner de cette façon, il faut t'entendre avec le locataire précédent pour qu'il te libère un espace suffisant pour entrer tes choses. Il serait mal avisé de devoir payer ton déménageur plusieurs dizaines de dollars par heure pour qu'il attende dans son camion que la voie soit libre. En outre, le déménageur n'appréciera pas de croiser son compétiteur qui vide l'appartement des biens de l'ancien occupant – pas évident de monter une lessiveuse dans un escalier en colimaçon alors que l'autre descend avec un sofa trois places !

Si ce sont les gars de la « gang » qui t'aident à déménager, sache qu'il existe une loi non-écrite, un genre de condition sine qua non à laquelle tu dois te conformer : c'est toi qui t'occupe de la bière et de la pizza !

Enfin, tout ton stock est dans l'appartement. Il faut maintenant t'installer. Peut-être as-tu décidé de tout repeindre ? Dans ce cas, mets tous les meubles dans une même pièce et repeins les autres pièces en premier.

Pour préparer tes murs avant la peinture, tu dois d'abord boucher les trous avec du plâtre et sabler légèrement afin de les rendre le plus lisses possible. Si les murs sont sales, lave-les avant d'entamer le travail.

Si tu dois décoller du papier peint, des méthodes et produits différents existent. Dans tous les cas, c'est une tâche assez longue. Souvent, en tirant sur le papier peint à sec, on enlève aussi une couche de placoplâtre. Il vaut mieux mouiller le tout dans un premier temps. L'eau chaude est encore la meilleure solution pour imbiber le papier à retirer. On peut y ajouter de l'assouplissant à lessive.

Fais attention si tu dois mouiller le papier près des prises électriques. Cela pourrait causer un court-circuit. Quant aux décolleuses de papier peint, elles ne couvrent qu'une surface réduite. Cela rend la tâche longue et fastidieuse. Une fois bien imbibée, la première couche de papier se décolle assez facilement. Utilise un racloir assez large pour retirer la couche du dessous. Vas-y doucement, le racloir pourrait abîmer le mur si tes gestes sont trop brusques. Une fois tout le papier peint décollé, il faut bien nettoyer la surface à peindre pour enlever tout résidu de colle. Demande conseil à ton quincaillier. Bon courage !

Attention, la peinture acrylique ne peut être appliquée directement sur une peinture à l'huile. Informe-toi auprès du quincaillier du genre d'apprêt que tu devras utiliser. Utilise aussi du ruban adhésif pour peintres afin d'éviter les débordements de peinture sur les fenêtres et les moulures. Protège aussi les revêtements de sol.

Normalement, deux couches de peinture sont nécessaires pour obtenir un beau fini. La peinture acrylique est plus facile à nettoyer car tu n'auras besoin que d'eau et de savon pour laver tes pinceaux. Il est préférable de se prévaloir de pinceaux et de rouleaux de qualité – ils te rendront la tâche plus facile et te dureront des années.

Quant aux couleurs, lesquelles choisir ? Règle générale, les couleurs claires éloignent les surfaces alors que les couleurs foncées les rapprochent. Aussi, une pièce peinte avec des couleurs claires semblera souvent plus grande. Par contre, un mur de couleur contrastée dans une pièce claire réduira l'espace visuel bien plus que si la pièce entière avait été peinte foncée. Une pièce dont les quatre murs sont peints de couleur plus foncée, notamment avec des tons « terre », aura l'air plus chaleureux.

PROTÈGE TON INTIMITÉ

Une des premières choses à faire lorsque tu installes ton appartement est de t'assurer que tes fenêtres soient habillées. Il est désagréable de se rendre compte qu'un voisin nous observe avec un sourire béat lorsque nous enfilons notre pyjama. Pour habiller les fenêtres, plusieurs options s'offrent à toi : stores verticaux, stores horizontaux, voilages, draperies. Avant de faire l'acquisition de telles parures de fenêtre, assure-toi de prendre de bonnes mesures. Pour les stores à enrouler, tu peux les poser dans l'embrasure. Il faut donc alors mesurer la largeur entre l'encadrement de même que la hauteur.

Tu peux choisir aussi de mettre le store en applique par-dessus le cadrage, c'est-à-dire de prendre la mesure d'un bout à l'autre du cadre de fenêtre.

Dans le cas des rideaux et voilages, tu dois toujours mesurer à l'extérieur du cadre. Il y a plusieurs types de rideaux : à plis pincés, à passe-tringle ou à anneaux. Le premier type requiert que tu achètes la grandeur exacte de la surface à couvrir, alors que les deux autres demandent deux à trois fois la largeur de la fenêtre en tissus. Choisis une tringle appropriée au type de rideaux.

Rideau passe-tringle

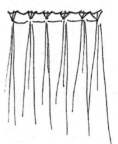

Rideau à plis pincés

Rideau à anneaux

Lors de cette première journée dans ton appartement, pense à installer ton lit avant de te mettre à brancher ton cinéma maison. Rien de plus désagréable, après une grosse journée comme celle-ci, que de te rendre compte, à une heure du matin, alors que tu croules sous la fatigue, que ton matelas est toujours rangé derrière la commode et qu'il n'y a pas de draps propres à portée de la main.

Avant de brancher ton réfrigérateur, il faut t'assurer qu'il est bien au niveau. Idéalement, attends deux ou trois heures avant le branchement.

Si tu achètes une lessiveuse usagée, il est grandement préférable de te procurer un ensemble de tuyaux neufs. Rappelle-toi mon expérience. Pour une vingtaine de dollars, tu auras l'esprit tranquille. Prends soin de bien visser les tuyaux aux bons endroits en t'assurant de l'étanchéité. Repère tout de suite comment fermer l'arrivée d'eau de la lessiveuse, de la toilette, du chauffe-eau, des lavabos et éviers. Repère également la boîte de fusibles. Tout cela pourra t'être utile en cas de pépins.

Ce soir, tu dormiras seul dans ton nouveau chez-toi. N'oublie pas de verrouiller les portes. En cette première nuit, peut-être ressentiras-tu à la fois angoisse et exaltation. C'est tout à fait normal. Moi, lors de ma première nuit, quand tout le monde est parti, alors que ma coloc dormait déjà chez son nouveau chum, j'ai fait une crise d'angoisse. Pour me calmer, j'ai décidé d'aller prendre une marche dans mon nouveau quartier. N'ayant pas le sens de l'orientation très développé, je me suis perdue et ne me souvenais plus du chemin de retour. J'ai même dû demander l'aide d'un policier qui s'est bidonné en me voyant en pleurs. Il m'a tout de même raccompagnée mais... il doit encore en rire.

Bon, je suis un « cas spécial », cela ne t'arrivera probablement pas ! Tu vas voir, tu vas rapidement t'y faire et tu vas apprécier ta nouvelle liberté. Même moi, je m'y suis adaptée en quelques jours.

D'AUTRES CONSEILS
EN VRAC

SE MEUBLER À BON COMPTE

Pas nécessaire d'acheter des meubles neufs pour ton premier logement. Il y a sûrement des membres de ta famille « élargie » qui seront heureux de se départir de certains meubles ou accessoires. Ne prends pas tout ce qu'on te propose. Inutile de surcharger les pièces. Quelques meubles bien agencés feront l'affaire. Dans mon premier appart, avec ma coloc qui ne refusait rien de gratuit, nous nous sommes retrouvés avec quatre sofas pour un seul salon, sans compter les deux bureaux de travail, la bibliothèque et le meuble de télé. Tout cela dans des styles très « variés ». Le dernier sofa a même dû être placé dans le vestibule. Je vous épargne la description de sa chambre. Mieux vaut sélectionner des meubles qui s'agencent ou qui peuvent facilement être repeints ou recouverts. L'harmonie du décor a un impact sur ton humeur.

Aussi, s'il te manque toujours des pièces de mobilier essentielles, tu peux en trouver sur Internet dans les sites de petites annonces. En voici quelques-uns :

www.lespac.com
www.kijiji.com
www.craiglist.org
www.ebay.ca

De plus, tu peux fouiner dans les marchés aux puces, dans les magasins de meubles usagés et même dans les boutiques de l'Armée du Salut. Tu pourras y trouver de fabuleuses aubaines. Il est parfois si facile, avec une simple couche de peinture, de donner une nouvelle vie à un vieux meuble. Tes côtés écologique et économique seront comblés. Pour ma part, les quelques meubles que j'ai « retapés » me procurent une grande fierté et leur couleur s'harmonise parfaitement au décor que je voulais créer.

Pour certains meubles, comme un mobilier de salon ou un matelas, il est plus difficile de trouver ce que tu recherches dans les meubles usagés sans qu'ils ne soient défraîchis.

N'oublie pas, il y a aussi des magasins de liquidation de meubles neufs qui peuvent s'avérer une source de trésors.

Assure-toi de garder tes factures en cas de réclamation. S'il y a lieu, complète les formulaires de garantie.

Certains magasins exigeront un montant substantiel pour la livraison. Tu dois considérer cela dans le prix du meuble. Par exemple, si tu dois payer 50$ pour faire livrer un meuble qui t'en coûte 20$, est-ce que cela en vaut vraiment la peine ? Peut-être, s'il correspond à un réel besoin ou que tu l'aimes assez pour le conserver longtemps!

DÉCORER À BON COMPTE

Comme pour le mobilier, la décoration peut être faite à bon compte. Tu peux : reprendre des vieux cadres et les mettre au goût du jour avec un coup de pinceau, mettre des fleurs à sécher dans un joli pot, recouvrir l'assise des chaises avec un carré de tissu, confectionner tes propres rideaux et coussins avec un tissu bien agencé au mobilier, et quoi encore.

Idéalement, procure-toi du mobilier de couleur neutre. Tu pourras alors changer de décor en modifiant quelques accessoires de couleur plus « punchée ».

Il existe des milliers de livres qui te donneront de très bonnes idées de décoration « pas chère ».

Limite le nombre de couleurs utilisées dans le décor d'un petit appartement. Si tu peins tous les murs de la même couleur, l'appartement semblera plus grand. Pour marquer le changement, varie la couleur des éléments décoratifs d'une pièce à l'autre.

Si tu veux dissimuler le plus possible des tuyaux apparents, il faut les peindre de la même couleur que le mur afin qu'ils se confondent au décor.

Dans la sélection du fini pour la peinture, retiens que plus la peinture est brillante, plus les imperfections des murs ou des meubles seront visibles.

Les miroirs sont formidables pour agrandir l'espace visuel et refléter la lumière. En les installant, fais attention à ce qu'ils ne reflètent pas le coin le moins joli de la pièce.

Un décor ne se crée pas en criant ciseau. Il faut être patient, prendre le temps de repérer les bonnes affaires et t'imprégner de l'atmosphère des lieux.

Si tu as fait des achats impulsifs que tu regrettes ou si tu as obtenu des meubles inutiles de ta parenté, n'hésite pas à les revendre !

Aussi, inutile de crier sur les toits que la belle petite chaise qui trône dans ton entrée a été trouvée dans les poubelles. Personne n'a besoin de le savoir si tu préfères en garder le secret.

N'hésite pas à utiliser les plantes naturelles dans ton décor. En plus d'être jolies, c'est aussi un plus pour la qualité de l'air ambiant puisqu'elles agissent comme filtres.

EH! QUE C'EST LE « FUN » DE FAIRE DU MÉNAGE!

Chez tes parents, tu peux toujours t'inventer des devoirs urgents ou une sortie importante pour négliger de faire tes tâches. En appartement, tu réaliseras rapidement qu'aucune bonne fée ne viendra ramasser tes bas sales pendant ton absence et que posséder un duo lessiveuse-sécheuse ne garantit pas que tes vêtements se retrouveront par miracle pliés sur ton lit, prêts à être rangés.

Tu verras aussi que les cheveux s'accumulent dans le fond de la baignoire et il te faudra les ramasser au fur et à mesure sans quoi ils finiront par obstruer le renvoi du bain.

Truc et astuce

Comment faire pour déboucher un évier ou une toilette ?

Sers-toi d'une ventouse (siphon). Il suffit d'appliquer la ventouse sur l'ouverture du tuyau et de pomper afin de provoquer un mouvement d'eau. Si cela ne fonctionne pas, il existe des produits spécialisés pour déboucher les tuyaux. Par exemple, le Drano fera un bon travail pour éliminer les cheveux et résidus de savon obstruant la baignoire.

Tu devras te mettre à la tâche si tu ne veux pas être rapidement envahi par la vaisselle sale et les ordures qui s'accumulent à une vitesse folle. Tu verras aussi que ta chambre est beaucoup plus belle quand ton lit est fait et que tu as ramassé tes vêtements. Tu te sentiras même plus en forme.

Curieusement, la plupart d'entre nous éprouvons un certain plaisir à faire le ménage de notre appartement même si nous avions la réputation d'être « bordéliques » chez nos parents.

Tu apprendras aussi à faire une lessive. Ton chandail blanc préféré qui ressort de la sécheuse d'un drôle de gris suffira à te convaincre de séparer tes brassées de lavage selon la couleur des vêtements.

Truc et astuce
Quand tu fais le ménage, commence d'abord par bien nettoyer les surfaces de comptoirs, la table et les bureaux avant de faire le plancher. Sinon, les résidus des surfaces iront à nouveau salir ton beau plancher tout propre.

Si tu veux faire ta part pour l'environnement, tu peux même créer tes propres produits de nettoyage. Il existe une foule de trucs de « grands-mères » pour bien nettoyer la maison. Des livres complets ont été écrits à ce sujet. À toi de te renseigner.

LES VOISINS

Pas nécessaire d'en faire tes meilleurs amis, mais il te faut établir une relation respectueuse avec tes voisins. Ne fais pas trop de bruit, particulièrement le soir. Limite le son de ta stéréo et demande à tes visiteurs d'en faire autant. N'oublie pas aussi de faire preuve de diligence quant à la propreté des lieux. Ne laisse pas tes poubelles trôner sur ta galerie durant des jours et des jours.

Si tu agis en adulte et qu'il y tout de même un différend qui survient, discutes-en d'abord avec eux. S'il est impossible de vous entendre, fais intervenir le propriétaire.

Le plus simple est toujours d'arriver à une entente à l'amiable puisque aucune des deux parties n'a la priorité sur l'autre, quelque soit la durée de l'occupation des lieux. L'important, c'est ce qui est indiqué au bail. Si, par exemple, il est inscrit que tu as le droit exclusif à la cour arrière, le locataire de l'autre logement ne peut empiéter sur ce droit, même s'il vit là depuis plus longtemps que toi et que l'ancien locataire de ton logement lui permettait d'y installer sa chaise longue et son barbecue. Évidemment, si cela ne te cause pas de problème, rien ne t'empêche de le laisser faire.

Si c'est ton voisin qui fait trop de bruit...

Encore une fois, agis comme l'adulte que tu es supposé être. La discussion non agressive est souvent le meilleur moyen de se faire entendre. Explique calmement à ton voisin que tu entends son film comme si tu étais assis dans son salon ou encore que tu peux suivre ses conversations. Cela lui fera sans doute réaliser qu'il doit réduire sa pollution sonore.

LE PROPRIO

Il est bien sûr propriétaire des lieux, mais n'a pas tous les droits non plus. Il ne peut, sous prétexte qu'il est chez lui, entrer n'importe quand dans ton logement pour vérifier l'état des lieux, pour y effectuer une réparation ou pour le faire visiter... Certaines règles s'appliquent selon les cas. Normalement, il doit t'aviser 24 heures à l'avance avant d'entrer chez toi. En cas d'urgence, il peut, bien entendu, avoir accès au logement immédiatement.

Il doit, lui aussi, respecter les conditions du bail. Il ne peut pas non plus t'interdire de recevoir certains visiteurs.

Encore une fois, l'idéal est toujours la bonne entente. En cas de litige avec le propriétaire, adresse-toi à la Régie du logement du Québec.

QUELQUES ÉCONO-TRUCS POUR TE PERMETTRE D'EN AVOIR PLUS POUR TON ARGENT.

Inutile de dépenser une fortune pour acheter un nettoyeur tout usage. Mélange de l'alcool à friction à part égale avec de l'eau et cela fonctionnera tout aussi bien. Attention de ne pas l'utiliser sur des surfaces peintes.

Pour nettoyer le drain de la salle de bain, tu peux utiliser, au lieu des produits chimiques dispendieux vendus sur le marché, une mixture composée d'une tasse de sel, une tasse de soda à pâte et ½ tasse de vinaigre. Laisse agir le tout une quinzaine de minutes. Verse ensuite deux litres d'eau bouillante dans le drain.

Avant de quitter la maison le matin, n'oublie pas de baisser le thermostat et de fermer les lumières. C'est un petit geste qu'on oublie trop souvent.

Un cadeau à faire et ton compte en banque est presque vide ? Au lieu d'emprunter, de te ronger les ongles ou de paniquer, pourquoi ne pas offrir un des biens les plus précieux ? Du temps ! Offre ton temps pour accomplir une tâche, accompagner une personne ou encore, fabrique un cadeau de ton cru. Offre des biscuits dans une belle boîte, un gâteau bien décoré, une œuvre d'art. C'est plus personnel et bien moins dispendieux.

- Y a-t-il une boulangerie dans ton voisinage ? Si oui, en fin de journée ou le lendemain matin, peut-être vendent-ils à rabais leurs productions en trop. De quoi bien te nourrir à bon compte. Pense à en acheter un peu plus et places-en une partie au congélateur.
- Utilise les coupons-rabais des circulaires pour les produits que tu comptes acheter durant les prochains jours. Tu y trouveras de véritables aubaines. Tu peux aussi prévoir en acheter un peu plus lorsqu'il s'agit de produits non-périssables sur lesquels les soldes

sont importants. Inutile cependant de stocker en trop grande quantité puisque ces rabais reviennent périodiquement.

- Achète les « marques-maison ». Ces produits sont aussi bons et souvent moins chers.

- Pour décorer, utilise des images provenant d'anciens calendriers que tu pourras acquérir pour une fraction du prix après le début de l'année. Dans des cadres bon marché, ces images qui sont souvent bien assorties feront de belles décorations murales.

- Achète les épices en vrac, elles sont bien moins dispendieuses que les épices en petits pots.

QUELQUES TRUCS DE DÉPANNAGE

Si tu as fais coller ta sauce au fond de la casserole et que tu n'arrives pas à bien la nettoyer, fais bouillir de l'eau dans cette dernière et ajoute une feuille d'assouplissant pour la lessive. Tu peux utiliser une feuille qui a déjà fait son travail dans la sécheuse.

Tu veux conserver tes bananes un peu plus longtemps? Tu peux les mettre au réfrigérateur. Elles deviendront noires à l'extérieur, mais resteront belles à l'intérieur. Idéal pour de délicieux muffins.

*C*e petit guide n'a pas la prétention d'être complet, dans le sens où il ne te préparera pas à tous les aspects de la vie en appartement. C'eut été un projet trop ambitieux, voire irréaliste que de te préparer à toutes les éventualités. Il s'agit d'un modeste « ramassis » d'informations ; c'est le livre que j'aurais aimé lire avant de quitter le nid familial. L'intention première est de te faire prendre conscience des responsabilités que tu devras assumer et de t'outiller afin d'y faire face. Il te faudra prendre le temps de réfléchir aux conséquences que ta décision implique, planifier, économiser, t'organiser…

Lorsque j'ai signé mon premier bail, je n'avais pas d'emploi, et mon compte en banque affichait un solde de 5,75$. Mais j'avais 18 ans, aucun défi n'était impossible à relever. Aujourd'hui, je sais que j'étais surtout irresponsable et irréaliste. Je m'en suis sortie sans trop de heurts étant donné la situation. Il y a eu un impact sur mes études et je me suis endettée. Si tu te prépares bien, cette situation ne sera pas la tienne.

Malgré toutes les conséquences associées à mon premier départ, ce n'est pas ce que je retiens de cette expérience. J'ai surtout grandi, j'ai appris. Tu verras, dans cinq ans, tu regarderas derrière toi et tu seras surpris de toute l'assurance que tu as acquise au fil des années. Avoir ton propre chez-toi est une belle aventure. Tu ne voudras probablement pas revenir en arrière. Pourquoi le voudrais-tu ? Contrairement à moi, tu seras bien préparé !

Ma mère m'a souvent dit que son plus beau temps était celui où, jeune adulte, elle était en appartement. Aujourd'hui, c'est moi la jeune adulte autonome. J'ignore s'il s'agit de mon plus beau temps, mais je dois dire que c'est trippant ! Comme je l'ai indiqué d'entrée de jeu, c'est la liberté totale, la découverte de soi et du monde qui nous entoure. Profites-en, vis-le à fond. Remplis ta besace de souvenirs de jeunesse, évite les erreurs que tu peux éviter, et accepte celles que tu feras quand même. Souviens-toi : tu ne peux pas tout prévoir. Les imprévus feront partie de ta vie. Allez, je te souhaite un bon « envol » !

Sarah

TABLE DES MATIÈRES